Anonymus

# Über das Trauerspiel Agnes Bernauerin

bei dessen Vorstellung in Mannheim

Anonymus

**Über das Trauerspiel Agnes Bernauerin**
*bei dessen Vorstellung in Mannheim*

ISBN/EAN: 9783743308411

Hergestellt in Europa, USA, Kanada, Australien, Japan

Cover: Foto ©Thomas Meinert / pixelio.de

Manufactured and distributed by brebook publishing software (www.brebook.com)

Anonymus

**Über das Trauerspiel Agnes Bernauerin**

# Ueber das Trauerspiel Agnes Bernauerin bei dessen Vorstellung in Mannheim.

---

Aus dem vierten Hefte der rheinischen Beiträge für das Jahr 1781.

Mannheim
in Verlag der neuen Hof- und Akademie-Buchhandlung 1781.

# Agnes Bernauerin,

ein vatterländisches Trauerspiel in fünf Aufzügen.

---

Wer kunſtrichtert, um zu kunſtrichtern, der treibt ein elendes Handwerk. Miſcht ſich die Leidenſchaft in ſein Geſchreibs: ſo iſt er ein Niederträchtiger. Nichts kann mehr Grund haben, als das Sprüchwort: Es iſt leichter zu tadeln, als etwas ſelbſt zu verfertigen. Darum iſt auch des Kritelns in Deutſchland weder Grenze noch Maas, ſo, daß es faſt zur allgemeinen Seuche geworden iſt. Wie bald ſind die wenigen Weiſen gezählt, die mit umfaſſendem Geiſte ein Kunſtwerk überſchauen, und deſſen Werth ganz zu beſtimmen fähig ſind? Wie unzählich iſt aber das Volk der Kunſtrichterlein, die am Bilde des olympiſchen Jupiters kaum den Finger überſehen, über ein Härchen die Zeit verſchwäzen,

und so seicht, so leicht hin, so schwächlich urtheilen, daß der schlechteste Schriftsteller mit Recht sich über sie alle erhebt. Der Schauspieldichter, der für das ganze Publikum schreibt, ist natürlicher Weise am meisten sowohl dem Urtheile der Vernünftigen, als dem Geschnatter der Kritler, und so gar den Pfeilen den Satyre und der Pasquille ausgesezet. Der Eine beurtheilet ein Schauspiel nach den Grundsäzen der Politik, ein anderer nach den Gesezen des Statsrechts; dieser sucht die rührendsten Situationen, die grösten Theaterzüge in den Urkunden der Geschichte, jener bestimt den Werth nach der Menge oder nach dem Mangel moralischer Sprüche; sehr viele hängen sich an ein Par Stellen, an ein Par Ausdrücke oder Wörter; manche fällen ihr Urtheil, je nachdem sie gestellt, guter oder übler Laune sind, oder nach der Laune ihres Schicksals, nach den Eigenschaften ihres Temperaments und Alters, nach dem Fähnchen auf der Sternwarte der Convenienz, so gar nach einer guten oder schlimmen Verdauung; und nach dem wirklichen Gesundheitszustand ihres Körpers; dann sind ganze Partheien, die ihren Grund zu tadeln, ohne doch den Schein anzunehmen, in der Person, in dem Stand, in dem Geburtsland, so gar in der Religion des Verfassers finden; und nun kömt erst der grose Haufen, der all das Geplauder zusammen schwäzt, der lärmt und tobt;
und

und da verschwinden oft vor den Augen des Volkes die gröſten Schönheiten, wie die Meiſterzüge an dem ausgeſtellten Bilde der mediceiſchen Venus unter den Schneeflocken einer rauhen Witterung. Dieſes ſei nicht geſagt, um den Geiſt der Kritik zu erſticken. Das Schlimſte hat ſeine gute Seite, und die Sucht zu urtheilen iſt ein weniger ſchlimmes Zeugnis, als einfältige Bewunderung. Auch hat jeder Freiheit ſeine Meinung zu ſagen; und wer ſie mit Beſcheidenheit und Gründen ſagt, der muß gehört werden. Nur iſt er darum noch lange kein Kunſtrichter: denn es bleibt ewig wahr: **auch mit Grunde hie und da etwas tadeln, iſt leicht.** Gewiß iſt es aber auch, daß mancher armſelige Schriftſteller ſich auf dieſes Sprichwörtchen zu viel zu Gute thut. Wenn es leicht iſt, hie und da etwas auszuſtellen: ſo iſt es auch leicht, hie und da etwas Gutes, und dabei viel Schlechtes zu ſchreiben. In jedem Gefache iſt alles je ſchlechter, je leichter, und je beſſer, je ſchwerer. Es iſt eher eine vortreffliche Kritik, oder welches eins und daſſelbe iſt, eine vortreffliche Theorie geſchrieben, als ein vortreffliches Gedicht: aber ob zu dieſem mehr Kentniſſe und Fähigkeiten, als zu jenem gefodert werden, das iſt eine Frage, die ich nicht mit ja zu beantworten wagte. Horaz ſagt, er wäre ein Wezſtein, der die Meſſer ſchärfe, aber nicht ſelber ſchneiden könte. Indessen sind die meisten von seinen Gedichten sehr vortrefflich, und bei weitem nicht so sehr der Kritik unterworfen, als seine Theorie der Dichtkunst, welches doch das Beste ist, was uns das Alterthum von dieser Art hinterlassen hat. Und Horaz hatte noch dazu seinen Vorgänger, den Aristoteles, welchen er wacker benuzet hat. Jeder urtheilt, sagt man; aber schreibt nicht auch jeder Jüngling Gedichte? Eine gute Kritik ist ja auch ein Werk der Kunst, der Philosophie und des Geschmackes; sie ist Lehre und Uebung zugleich. Keine Rede des Cicero macht ihm so viel Ehre, als sein Werk über den Redner. Wir haben unzählige Theaterstücke in Deutschland, und wirklich einige gute: haben wir aber eine einzige gute Theorie für die Schaubühne? Wir besizen grose Meisterstücke der Dichtkunst, und in einigen Gattungen können wir uns mit allen Nazionen messen: haben wir aber eine einzige vortreffliche Geschmackslehre? und hätten wir diese, würden nicht manche unserer Dichter sich über die Kluft der Vergessenheit geschwungen haben, deren Schriften jezt mit dem Stempel des Genies das Gepräg der Geschmacklosigkeit tragen, und in der künftigen Zeit zum Eckel sein werden? Denn dieses ist der Vorzug eines guten kritischen Werkes, daß es die Schwester eines jeden andern Kunstwerkes, und zugleich die Lehrerin des Künstlers ist.

Wer

Wer die Tempel der Künste besucht, mit fühlender Sele und forschendem Blicke, um die wahre Schönheit in ihrem Lichte zu zeigen, herrschende Vorurtheile zu bekämpfen, dem bessern Tone Schwung zu geben, die Gabe des Künstlers durch Lob zu ermuntern, und durch Lehre zu vervollkommnen, und endlich im Schose der Natur und der Kunst nach langer Erfahrung, tausendfachen Beobachtungen, mancher Selbstprüfung den sichern Leitfaden zur Philosophie des Geschmackes zu entdecken, und denselben jedem, der es bedarf, mit patriotischer Wärme in die Hand zu geben: der ist ein nüzlicher Bürger. Mit jeder guten Kritik erweitert sich der Denkkreis von tausenden; die Schönheiten werden mächtiger gefühlt; die Unwissenheit flieht weiter vom Gebiete der Kunst; das Vorurtheil sinkt tiefer, der Partheigeist wird beschämt, der Künstler wird gröser und sittsamer; sein Verdienst einleuchtender und ehrwürdiger, die Kunstliebe allgemeiner, das Gefühl feiner, der Ton edler und geschmackvoller, und die Kunst eilt vorwärts ihrem goldenen Zeitalter entgegen. Dies ist es, was ich zu sagen nöthig fand, ehe ich von der Bernauerin selbst spreche. Vielleicht hören jezt einige von denen die Vernunft an, die von keiner kritischen Untersuchung dieses Stückes bisher hören wollten. Der Hr. Verf. und das Publikum sehen meine Denkungsart, und erken-

erkennen meinen Zweck. Ich hoffe, daß ich weder von jenem, noch diesem einen von denjenigen Vorwürfen verdienen werde, die man gewöhnlich den Bücherrichtern in Deutschland mit Rechte macht.

Kein Stück ist auf unserer Schaubühne erschienen, dem man so allgemein und so beständig zulief. Bei der fünften Vorstellung in Zeit vier Wochen war der Schausal eben so angefüllt, wie bei der ersten. Das ist sehr viel in Mannheim, wo man, so zu sagen von der Wiege vor die Bühne getragen ward, und so viel schönes und herrliches sah, und daher für die meisten Speisen schon mit einer Art Sättigung erscheint, und wo das Theater nicht, wie in jenen grosen Städten, den Vortheil genießt, daß bei jeder Wiederholung eines Stückes eine andere Welt Zuschauer sich einfinden kann. Ein Thor mag dem Publikum beweisen, daß es Unrecht hat, mag ihm sein Gefühl wegkritisiren, mag mit einem Geschichtbuche oder mit Urkunden in der Hand, dem Schöpfer der Bernauerin Hohn sprechen. Ich will alles sagen, was die Ursache sein kann, warum dieses Trauerspiel so sehr gefällt; aber dann erlaube man mir, daß ich der Pflicht genug thue, die ich über mich nahm, daß ich den Schlack an dem Golde und alles zeige, was die Feuerprobe nicht aushält.

Der Gegenstand des Trauerspieles ist wichtig. Es

Es gilt um nichts geringers auf einer Seite, als einen grosen Fürsten von dem Weibe, das er unendlich liebt, von dem er unaussprechlich geliebt wird, zu trennen, und auf der andern dieses Weib, ein Mägdchen vom niedrigsten Stande, wider eine herzogliche Familie, wider Ritter und Landstände, wider die Sitten des deutschen Reiches zur Herzogin zu erheben, und einst auf den Thron einer Nazion zu sezen. Die Zwistigkeit ist zwischen einem Helden und dem mächtigen Vatter des Helden, zwischen dem künftigen Herzog und dem Herrschenden, zwischen Albrecht und Ernst. Der Hof, der ganze Adel und das ganze Volk ist in Bewegung, und das Schicksal Baierns hängt von einem entscheidenden Augenblicke ab. Nach den Grundsäzen des Hrn. Lesing sind diese Gegenstände zu abstrakt für unser Herz; aber nach den Bestätigungen der Erfahrung und nach der gesunden Vernunft sind sie just die interessantesten. Das Stük hat einen grosen Theil seines Beifalles der Wichtigkeit des Gegenstandes zu danken.

### Plan.

Die Scene öfnet sich, nicht nach dem gewöhnlichen Schlender mit dem Geschwäze von ein Par Vertrauten, die uns durch langweilige Erzählungen gähnen machen. Agnes und Albrecht erscheinen selbst, sie kommen von der priesterlichen Einsegnung; aus ihrem Munde hören wir gleich die Wichtigkeit der Handlung. Die Unterredung dauert etwas lang, aber sie ist interessant, wir lernen ihre Gesinnungen, ihren Karakter, ihren Zweck, ihre Furcht und Hoffnungen kennen, und empfangen Unterricht und Vorbereitung zum ganzen Stück. In den nächsten Scenen fängt gleich die Verwicklung an, und das Interesse vermehrt sich allmählig. Albrecht wird zum Turnier berufen; er geht, und läßt seine Gattin in Voheburg.

**Siebenter Auftritt.** Nun sind wir in Straubingen, sehen den Herzog Ernst mit seinen Rittern und Räthen. Der Herzog war entschlossen, Albrechten beim Turnier gefangen zu nehmen, in einen Thurm zu verschliesen, bis er seine Thorheit ausgeschlafen hätte. Alle rathen zur Güte, nur Viccdom Albrechts Feind nicht. Nach vieler Ueberlegung glaubt man endlich, das Mittel gefunden zu haben, Albrechten von seiner Liebe zurück zu bringen. Man faßt den Schluß, demselben wegen unedler Sitte die Schranken des Turniers zu verschliesen, und so lange verschlossen zu halten, bis er dem Mägdchen entsaget. Das ist ein wenig unbegreiflich. Man hat mit Einer Leidenschaft des Herzogs Albrecht zu kämpfen; nothwendiger Weise wird jezt noch eine andere gereizt, die dem State weit fürchterlicher ist. Das Mittel, einen Helden, dem
nichts

nichts über Ehre sein kann, zurechte zu bringen, ist gewiß öffentliche Beschimpfung nicht. Es soll zwischen Güte und allzugroser Schärfe das Mittelding sein, und ist das allerärgste, was man thun konte. Es ist offenbar, daß man ihn aufbringen muß, weit mehr, als wenn man eine Gefangennehmung auf ihn gewagt hätte, und dabei läst man ihm noch alle Gewalt, seinen Schimpf zu rächen, in der Hand. Und da es zugleich ein Unrecht ist, das ihm zugefügt wird, so muß man zum voraus sehen, daß Ritter und Volk sich auf die Seite ihres ohnehin geliebten und verehrten Albrechts schlagen werden. Freilich wächst das Interesse durch diesen Entschluß ungemein. Man erwartet wichtige Vorfälle, grose Dinge, und wirklich lassen uns die Folgen, jene herrlichen Auftritte beim Turnier, diesen kleinen Flecken vergessen. Aber derselbe war nicht nothwendig, um jene grosen Schönheiten hervor zu bringen. Ohne lange Berathschlagungen hätte jähling durch die Strenge und Hize des Herzogs Ernst alles erfolgen können. Und Leidenschaften sind doch immer theatralischer, als lange Berathschlagungen.

Zweiter Aufzug. Eine waldichte Aue an der Donau nahe an Voheburg. Agnes seufzt nach Albrechten, Zenger unterbricht sie; dann kömt Nachricht, daß ein Salzzug die Donau herauffah-
re,

re, und hier windfeiern werde. Sie gehen ins Schloß.

**Regensburg.** Hier kömt die herrliche Scene, wo Herzog Albrecht vom Turnier ausgeschlossen wird. Es ist offenbar unbillig, daß einige einen grosen Theil der Wirkung, die dieser vortreffliche Auftritt hervorbringt, dem Turnier selbst, und den Dekorationen zuschreiben. Was sollen Dekorationen und tanzmäsige Kämpfe auf Verstand und Herz? Wahre grose theatralische Züge, Leidenschaften wider Leidenschaften, allgemeines Interesse, Thaten voll Kühnheit, Entzweiung zwischen Helden, Vatter und Sohn, schauerliche Katastrophe, und das Wort eines Helden, das Pomp und Pracht eines grosen Fürsten, Ritterkämpfe, öffentliche Feierlichkeit, eine Welt Menschen, alles plözlich von der Schaubühne verweht — Das sind Dinge, die unfehlbar die mächtigste Wirkung machen mußten. „Wer, ruft Albrecht, nachdem er sich vertheidigt, und die Unschuld seiner Agnes auf seine Ehre genommen hat, wer wagt es, mein Ankläger zu sein? Marschälle! öffnet die Schranken!„ Man wehrt: Albrecht senkt die Lanze gegen einen Marschall— Dann wirft er sich über die Schranken, und zieht das Schwerd. „Gegen die Schurken, die mich entehren, gegen alle, die ihnen beizustehen wagen.„

**Pienz.** Die Foderung ist billig, die Turniergeseze heilig; rechtfertiget euch. **Albr.**

**Albr.** Mit dem Schwerte, nicht anders.

Getümmel.. P. Zenger (zieht auch)

**Ernst.** (Kömt vor die Schranken) Ich bin dein Ankläger.

**Albr.** (Steckt ein) Ihr? mein Vatter! — entehrt euern Sohn in Gegenwart der Ritter Deutschlands? Vor seinen Unterthanen?

**Ernst.** Schweig. Weiche von den Schranken, Verwegener! oder rechtfertige dich. Als Vatter, als Kampfrichter, fodere ichs, befehl ichs dir. Der deutsche Adel soll richten zwischen uns, und Baiern soll Zeuge sein.

**Albr.** Schildknabe, bring meine Lanze. (man bringt sie, und er bricht sie.) Ich breche sie, ich will nicht mehr turnieren: wers noch thut, dem sei Rache geschworen, so lang ich athme. Das Turnier ist aus. Nun sprech ich mit euch, gnädiger Herr und Vatter; Ich bin eben der Albrecht, der Wittelsbacher, der vor zehen Jahren bei Alling die Schlacht gewann; der zweimal die Böhmen und Hußiten von Baiern zurück geschlagen u. s. w. Seht mich an! Verkent ihr einen meiner Züge? Oder will es wer versuchen, ob ich Arm und Schwert, oder Herz und Muth verwechselt habe? Nun ich war in euern Geschäften in Augsburg, verrichtete, vollendete sie. Ihr waret zufrieden. In Ruhe schlummerte mein Vatterland, und ich sah dort ein Mägdchen von edler sanfter Bildung; sezt ihr eine Krone auf, sie schiene Kaiserin, laßt Stralen um ihr Haupt schimmern, und ihr mahlet eine Heilige u. s. w. Nie habe ich ihr Bette bestiegen: sie ist Jungfrau; wer das Widerspiel behauptet, hebe den Handschuh auf (er wirft seinen Handschuh auf den Boden). Um meiner Würde nichts zu vergeben, gieng ich öffentlich von Augsburg fort; Liebe führte mich wieder hin, aber in Friedenstracht, wie die Männer einher gehen, die uns und unser Volk richten, und der Geseze Stimmen sind. Ich hörte nichts von euch, gnädiger Herr, als zuweilen Boten eures Zornes, die so sprachen, daß ich Gott um meine Waffenlose Kleidung dankte; nichts von Geschäften, nichts von Fehden; nichts, daß mich als Sohn oder Baier aufgerufen hätte. Jezt sollte nur ein Turnier sein, ich kam Pfeilschnell auf den Ruf meines Vatters und der Ritterpflicht — — und die Schranken werden vor mir verschlossen, und Albrechten wird beim Spiele der Lorber vom Haupte gerissen, den er auf Schlachtfeldern geerndtet hatte, mit dem ihn Kriegsheere und seine Nazion geschmükt haben? Richtet nun Ritter Deutschlands! steht auf wider mich, meine Landesleute, ihr Baiern!

Ernst und viele Ritter dringen darauf, daß er seiner Liebe entsage.

Groser

## Agnes Bernauerin.

*Grofer Lärm.*

Albrecht. Entsagen? Ich nehme es auf mit allen, die das ruften, auf Lanz und Schwert, u.s.w.

Ernst verbietet den Kampf.

Vicedom. Und einer bürgerlichen Dirne wegen wird kein Ritter fechten.

Albrecht. Ehre genug, wenn ich mit ihm fechte (zieht und schlägt den Vicedom mit dem Rücken des Schwerts). Ihr aber, Verwegener! fechtet nimmer; ich entehre euch; ich, euer Herzog.

Ernst. (zieht und schlägt Albrechten eben so) Und ich dich, dein Vatter, mit dir ficht niemand mehr.

*Noch gröſerer Lärm; Zusammenlauf der Ritter; Aufruhr des Volkes 2c.*

Albr. Ihr werdet fechten, ihr, ehemals mein Vatter! gegen Albrechten werdet ihr fechten, dem die Nazion, gewöhnt unter seinem Befehle zu siegen, folgen wird. Auf, meine Baiern! wer Ottens Enkel liebt, wer mit mir für Religion und Vatterland gekämpft hat, folge mir!

(Eine Menge Ritter und Volks umstehen Albrechten) Rottet euch, werdet Kriegsheere! Ein Wittelsbacher, hinter dem seine Baiern stehen, kann auch Deutschland Troz bieten. Auf! fort! (ab mit allen, die ihn umgaben. Das Volk lauft ihm nach, und lärmt).

Ernst bleibt stehen, betäubt, seine Räthe und wenige Ritter um ihn her.

Ich kenne nichts auf der deutschen Schaubühne, das mit dieser Scene in Ansehung der Wirkung, die sie macht, kann verglichen werden. Wer sie sah, der wird gewiß nicht mit Herrn Leßing die Macht des Heroischen im Trauerspiele verkennen, Vatterland und Stat für zu abstrakte Dinge erklären, und dem Grosen und Heldenmäsigen die Kraft zu rühren absprechen.

Der Akt endiget sich mit einer frostigen Berathschlagung zwischen Ernst und seinen Räthen. Man beschließt, eine Gesandschaft an Albrechten zu schicken, wozu Thorringer und Gundelfinger gewählt werden. Das Stück nimt nun einen andern Gang. Das Feuer ist auf einer Seite ganz erloschen, und auf der andern sucht man es zu dämpfen. Jedoch das Interesse fällt nicht; es erhält sich, und wächst im dritten Aufzug durch die Rolle der Agnes und Thorringers.

Dritter Aufzug. Albrecht kömt wieder zu Agnesen. Er zeigt sie den Rittern, die ihn begleitet. Sie schweigen. — Ich wünschte: es hätte einer für alle etwas gesprochen, das das Interesse für Agnes vermehrt, und gezeigt hätte, was wir von ihnen für Sie und Albrechten im Schlachtfelde zu erwarten haben. Er zeigt sie ihnen als seine Frau.

Die Ritter. (unter einander) Seine Frau? Das ist alles, was sie sagen, dann werden sie entlassen, und wir bleiben im Zweifel, ob sie über das, was sie sahen und hörten, vergnügt oder misvergnügt abgehen.

Die Scene zwischen Agnes und Albrecht ist schön und rührend. Er erklärt ihr, daß er entehrt ist, daß er Rache nehmen, und sie Herzogin sein werde, oder er todt. Agnes sucht ihn auf die edelste Art von dem Entschlusse, sich zu rächen, abwendig zu machen.

Albrecht. Agnes! Was fürchtest du hinter meinem Schilde?

Agnes. Nichts für den Herzog, alles für Albrechten, und in dem nur leb ich ja! — Albrecht! Lieber! wird das Band, das uns bindet, enger geknüpft sein, wenn ihr das, so euch an euren Vatter bindet, zerrissen habt? Werdet ihr lieben können das Ehebett, vom Blute eurer Unterthanen bespritzt — Sieger und Herzog! wird euch dann nicht die Bürgerstochter zu theuer gekauft sein? Und werdet ihr nicht zurück schauen vor dem Preise der Empörung, des Vattermordes? — —

Liebte ich euch dann nicht als Bürgersmägdchen, und muß ich Herzogin heisen, um euch ewig zu lieben? Und muß Blut unsern Bund versiegeln, daß er auch edel scheine? Albrecht! ist euch ein schuldloses

loses tugendhaftes Herz, das euch ganz hingegeben ist, nicht adelich genug? Rächen an euerm Vatter! — Albrecht! laß uns fort ꝛc.

Albrecht. Liebes Weib, wolle es nicht, denn du würdest es mich auch wollen machen.

Die Gesandschaft vom Herzog Ernst kömt. Gundelfinger richtet nichts aus. Albrecht bleibt bei dem Entschlusse: Agnes oder Krieg! Thorringer, ein verehrungswürdiger Greis, dringt mit aller Macht der Gründe in ihn, und rührt ihn. Von dieser vortrefflichen Scene bei Untersuchung von Thorringers Karrakter ein mehreres. Albrecht ergiebt sich; man läst ihn hoffen, daß Ernst Agnesen als seine Frau erkennen werde. Die Fehde ist abgethan, und seine Leute werden abgedankt. Der Akt endigt sich in Straubigen mit einer Rathhaltung des Herzogs Ernst mit seinen Räthen. Dies ist der dritte Akt, der sich mit Berathschlagungen endigt — freilich keine Tugend im Plane. Es wird beschlossen, Albrechten weg zu rufen, und dann Anesen zu bereden, daß sie ihn verlasse, oder sie mit Gewalt wegzunehmen, und wenn kein ander Mittel ist, aus der Welt zu schaffen. Nun sind Räthe und Ritter in niederträchtige Betrüger verwandelt, und das Stück würde unerträglich werden, wenn nicht Agnes das ganze Interesse erhielte.

Vierter Aufzug. Die neue Gesandschaft bringt
einen

einen Brief vom Herzog, worin Gnade angeboten, und Albrecht aufgefodert wird, sich nach Wem‑ ding unverzüglich zu begeben ꝛc. Durch Betrug bringen sie ihn weg, und nun ist die edle Agnes in ihrer Macht.

Der Abschied Albrechts von Agnesen ist sehr rührend. Die Zenger trauen der Sache nicht, und fodern, daß die Gesandschaft: Tuchsenhäuser und Tore da bleiben, bis Albrecht wiederkomme. Das war eben, was sie selbst wünschten. Zu grö‑ serer Sicherheit besezet Hans Zenger das Schloß mit 50 Knechten. Aber Albrecht läßt sich alles weis machen, und geht. Freilich sind die Men‑ schen von guter Sele und gerader Denkungsart am wenigsten mistrauisch. Aber diese Räthe und Rit‑ ter können nicht von heute an Schurken sein: und sollte Albrecht den Hof nicht kennen? Er, den man noch kurz vorher zum Turnier berief, und dann ausschloß, der erfahren hat, daß der eine Theil sein Feind ist, und wissen muß, daß alle nieder‑ trächtig sind? Der Kanzler Tuchsenhauser sucht nun seinen Auftrag zu erfüllen: Agnes erscheint auch hier wieder in ihrer edeln Gröse. Ich kann mirs nicht versagen, einige Stellen hieher zu sezen.

Tuchsenh. Ich komme, euch zu rathen im Namen des Herzogs — Wer kann besser rathen, als der Herr eures Schicksals?

**Agnes.** Das ist nur Gott.—Doch was befiehlt der Herzog?——

Keiner meiner Gedanken ist verschwiegen dem Richter der Könige; der Herzog darf sie alle wissen.—Wird er sie wissen wollen?—Und sie richten wie Gott? ꝛc.

**Tuchsenh.** Wer glaubt ihr zu sein?

**Agnes.** Ich war eine arme Bürgerstochter; leider! weis es nun Deutschland.—Ein unbescholtener Name und Keuschheit waren meine Aussteuer, Unschuld mein Reichthum, mein Verdienst. Gott that Wunderdinge an mir, seis Glück oder Unglück, ich hatte keins verdient.—Nun bin ich Albrechts Weib vor Gottes Angesicht.

**Tuchsenh.** Also wohl auch Herzogin?

**Agnes.** Das ist ein Name. Ein Name, den mir nur Baiern und Ernst geben können, den ich nie verlangnen, auch nie wünschen werde, ich müste denn sonst Albrechts Frau nicht sein können.

**Tuchsenh.** Glück und Unglück sind selten Belohnung und Strafe, Verhängnis sind sie; aber dafür ist wohl Rath bei euch, wenn ihr nur wollt.

**Agnes.** Ich kann nur das wollen, was ich thun kann; das bleiben, was ich bin, oder nicht mehr sein.

**Tuchsenh.** Ich will meinen Auftrag kurz heraus sagen, dann könt ihr wählen. Der Herzog wird nie eure Ehe für giltig ansehen.

## Agnes Bernauerin.

*Agnes.* Armer, betrogener Albrecht! und du bist fort?

*Tuchsenh.* Das hat Ernst auch geschworen, und wirds halten.

*Agnes.* Schwur er höher, als bei Gott, bei dem Wir schwuren?

*Tuchsenh.* Hört! wenn ihr einander denn gar so unbegreiflich liebt, so ists ja auch damit nicht aus; es ist ja nur um den Titel einer Frau zu thun; ihr sahet ja selbst nicht auf Namen und Titel.

*Agnes.* Ich bin niedrig, aber über diesen Antrag geboren. Auch Albrecht, mein Albrecht muste mein Gemahl sein. Sein Herz wählte nicht so tief.

*Tuchsenh.* Ich kann euch nur sagen und rathen. — Bedenkt euch!

*Agnes.* Wenn ich da stehen sollte, bis zum Gerichte der Welt, so würde ich heis fühlen, daß ich ihn überschwenglich liebe; und sagen, daß ich seine Frau bin.

*Tuchsenh.* Es könten Zeitpunkte kommen, wo ihr weniger entschlossen sprächet.

*Agnes.* Spricht man noch darüber jenseits des Todes? ꝛc.

Martert mein armes Herz nicht, seine Sprache ist unwillkürlich. Ihr und der Herzog und alle Welt könt nicht auslöschen, was der Schöpfer hinein geschrieben hat.

**Tuchsenh.** Wißt, daß es ein Statsverbrechen ist.

**Agnes.** Ein Verbrechen! und mein Gewissen schweigt? Und befiehlt mir zu beharren? Was ist ein Statsverbrechen?

Es läutet Mittag, das Zeichen, das den Knechten, die die Gesandschaft mitgebracht, gegeben ist, in das Schloß einzubrechen. Tore bricht mit demselben herein, Zenger wird geschlagen, und Agnes geraubt.

**Fünfter Aufzug. Erster Auftritt. Straubingen. Rathhaus.** Vicedom sagt dem Tuchsenhäuser, er sollte dem Herzog hinterbringen, daß Agnes gut verwahrt und in Ketten geschlossen sei. Dann ein unedler Wortwechsel und beide gehen ab.

**Zweiter Auftritt. Kerker. Nacht.**

**Agnes** in Ketten, angeschmiedet an einem Stuhl — sie jammert. Ein Waffenknecht holt sie ab zum Gericht.

**Dritter Auftritt. Gerichtsal.** Es wird Gericht über sie gehalten, und durch die Hälfte der Stimmen, und durch den Ausspruch des Vicedoms wird sie zum Tod verurtheilt. Die Antworten, die Agnes den Richtern giebt, sind wieder sehr rührend, und ihrem Karakter vollkommen angemessen.

**Fünfter Auftritt.** Nun sind wir wieder in Vohseburg, und Hans Zenger liegt noch auf dem vori-

vorigen Plaz in seinem Blute da. Albrecht kömt; Zenger erzählt ihm den Vorfall.

Albrecht. Waffen! meine Waffen! Ha! wär ich ein Donner, daß ich sie erreichen, zerschmettern könte.

Zenger stirbt. Albrecht eilt nach Straubingen.

Sechster Auftritt. Agnes wird in die Donau gestürzt; das Volk schreit wild durch einander, will den Vicedom hinein werfen, stärmt immer mehr; der Vicedom und die Räthe fliehen. Albrecht kömt, erblickt Agnesen im Wasser, will sich hinein stürzen, wird gehalten; sie wird todt heraus getragen. Ernst, Gundelfinger und die übrigen kommen; Albrecht tobt und raset; Ernst weint über den Leichnam, und erklärt, daß dieses sein Wille nicht war. Albrecht wird nach und nach sanfter. Ernst will ihr Andenken verewigen — sie soll in der Urkunde Frau heisen.

Albrecht. Und der Vicedom soll sterben! hier! und sein Wappen an ihrem Grabstein zertrümmert werden.

Alle. Vergebung.

Ernst. Vergebung ist deiner würdig, mein Sohn! Laß Gott die Rache!

Albrecht. Was wäre denn mein Trost?

Ernst. Baiern. (Er umarmt halb seinen Sohn,

Sohn, der an dem Baume über den Leichnam sich stüzet. Die andern umher gruppirt.

Die Handlung in diesem Stücke wird deutlich angekündigt, und geht schnell fort,—dies ist eine Hauptschönheit des Planes. Die Verwickelung fließt theils aus den Umständen, theils aus den Karakteren. Die Entwicklung geht stufenweis und natürlich. Das Interesse wächst troz verschiedenen Scenen, die alles verderben würden, wenn nicht die Rolle der Agnes so äuserst interessant wäre. Dergleichen Scenen sind, wo sich die Ritter Grobheiten sagen; wo sich die Karaktere verläugnen, wo die Verbindung nicht ordentlich, zum wenigsten nicht einleuchtend ist, und wo wir statt feuriger Leidenschaften, die wider einander losstürmten, und unsere Sinne dahin rissen, kalten Betrug erblicken, der auch nicht so ganz natürlich ist, weil wir im Anfange keine Anlage dazu entdecken. Um die Einheiten des Orts und der Zeit hat sich der Herr Verfasser nichts bekämmert. Wir gewinnen dadurch einige Dekorationen: aber wehe thut es auch dem guten Menschensinne, wenn so die Bäume, Gärten und Wälder wegfliegen; und Säle, Häuser, Paläste und Flüsse daher gewandelt kommen. So heißt es oft: jezt gehts nach Straubingen, nach Vosheburg ꝛc. Da fällt mir der Drache in Zemire und Azor ein. Nirgend in diesem Stücke ist es

auf-

auffallender, als da gähling die Richter, Agnes und die Rathsstube verschwinden, und in demselben Augenblicke, auf demselben Plaze, nur daß andere Tücher daher schweben, der verwundete Zenger da liegt, an den ohnehin nicht mehr gedacht wird; weil man ihn für todt und begraben hält, weil er eine Rolle gespielt, die uns nicht besonders für ihn eingenommen hat. Die Schaubühne soll die Natur vorstellen; dazu gehört Täuschung; wer wird mich glauben machen, daß in den Paar Stunden, wo ich da size, die Herren da oben alle diese Tagereisen machen? Bald gehts nach München, bald nach Vohburg, bald nach Straubingen, bald nach Wemding; und da sagen sie einem noch ins Gesicht, daß sie Morgen wieder da sind, und in ein Paar Viertelstunden oder Minuten erscheinen sie wieder, und haben alles ausgerichtet. Es ist viel über die Einheiten geschrieben worden, aber es ist schlimm, daß die Natur der Sache selbst nicht jedem die Augen öfnet. Der Herr von Hollberg schrieb ein Schauspiel Ulysses von Ithaka, worin er das Lächerliche dieser unnatürlichen Beleidigungen der Einheiten sehr sichtbar macht. Es tritt einer auf (wie er heißt, weis ich nicht; denn die meisten Namen und Chargen vom Hofe des Ulysses habe ich vergessen) der ankündigt, daß er die Welt durchwandern, alle Mächte aufrufen, und seinen Bart nicht

nicht eher abnehmen laſſen wollte, bis er ein er=
ſtaunliches Heer beiſammen hätte, um Troja zu ver=
wüſten. Nach einigen Augenblicken kömt er wieder
mit einem Barte bis auf die Knie, und ſagt: Zehn
Jahre wandre ich jezt von einem Königreiche ins
andere u. ſ. w. Agnes Bernauerin zeigt zu ſehr
von dem Talente des Herrn Verfaſſers, als daß er
nicht alles das, was unnatürlich und ungereimt iſt,
vollkommen einſehen ſollte. Aber ſein Beiſpiel wird
wieder manchen ſchwachen Kopf verleiten, dieſe
Grundregeln, zwar aus ganz andern Urſachen,
umzuſtoſen, als es unſer Dichter mag gethan ha=
ben. Es iſt ſchwer, unendlich ſchwer (wer läug=
net das?) nicht aus den Schranken der Einheiten zu
weichen: aber der Zweck des Dichters macht ſie zur
Nothwendigkeit; es ſind Geſeze, die die Kunſt in
der wärmſten Umarmung der Natur gezeuget hat.
Man frage nicht, wie es oft möglich iſt, daß dieſe
Geſeze können beobachtet werden. Das darf kein
Dichter fragen. Ich würde ihm ſagen: frage dei=
ne Muſe; ſagt es dir dieſe nicht, ſo iſt es bös:
Cur ego ſi nequeo, ignoroque, Poeta Salutor?
Freilich zertritt zuweilen das Genie die Schranken,
ſchüttelt Ketten ab, ſchwärmt von dem gebahnten
Pfade weg, ſingt, wie ein Ebenteurer, auf dem
Parnaß Dinge, die vor keines Menſchen Sinn ge=
kommen ſind; aber da artet es gewiß aus, und auf

seinen

feinen Wegen hallt ihm unfehlbar das incredulus odi des gesunden verständigen Vatters Horaz nach, und mit der Stimme Horazens hallt allemal die Stimme des Publikums.

Es ist ein schrecklicher Anblick, da Agnes in die Donau gestürzt wird. Ein groser Theil unsers Publikums kann ihn kaum ertragen. So eine grauenvolle Handlung würde schwerlich auf die französische Schaubühne gebracht werden. Allein das beschuldigt den Dichter noch nicht. Der französische Geschmack hat seine gute Seite, aber schwer ist es, zwischen dem, was erzählt, oder vorgestellet werden solle, die Grenze zu bestimmen.

Horaz sagt freilich: Was hinter der Scene geschehen soll, bring nicht auf die Schaubühne; Er giebt auch selbst einige Fälle an: Vor den Augen des Volkes soll Medea ihre Kinder nicht umbringen, Atreus nicht menschliches Fleisch kochen, Progne nicht in einen Vogel, und Kadmus nicht in eine Schlange verwandelt werden: Allein Horaz verwirft die Vorstellung dieser Dinge nicht darum, weil sie schrecklich und grauenvoll sind, sondern weil sie keine Täuschung machen können:

Quodcunque ostendis mihi sic, incredulus odi.

Die Regel ist aus griechischen Beispielen abgezogen. Hier sehen wir die schauerlichsten Dinge auf der

Schau-

Schaubühne. Die Griechen glaubten, ein Schauspiel sei nicht weniger für das Aug, als für das Ohr. Allein es blieb alles in den Schranken derjenigen Wahrscheinlichkeit, welche die Täuschung hervorbringt. Man muß erstaunen, wenn man sieht, wie die grosen Männer immer auf die Wirkung sahen, die eine Sache machen kann, und darnach sich immer richteten. Sophokles läßt seinen rasenden Ajax alle seine Rasereien auser der Scene ausüben, und auf der Scene werden sie blos erzählt. Die Erzählung erweckt Schrecken und Mitleid, die Vorstellung würde Lachen erregt haben. Z. B. Ajax treibt Heerden Vieh vor sich her, und mordet auf die grausamste Art einen grosen Theil davon, in der Meinung, er tödte die Gefährden des Ulysses. Shakespear war nicht so behutsam, seine Nachfolger noch weniger. Hingegen sieht man in einem andern Trauerspiel des Sophokles den verwundeten Philoktet sich in den unaussprechlichsten Schmerzen auf der Erde wüthend und brüllend herum wälzen; er bittet unter dem entsezlichsten Geschrei, daß man ihm seinen verwundeten Fus abschneide, daß man ihn tödte, daß man ihn verbrenne, wie er den Herkules verbrant hat. Das ist fürchterlich zu sehen und zu hören. Ich glaube, man könte zur Hauptregel sezen: **Kanst du das Schreklichste so wahrscheinlich und täuschend vorstellen, daß** es zweckmäsige Wirkung hervorbringen muß, so zieh die Vorstellung der Erzählung vor.

Segnius irritant Animos demissa per aurem,
Quam quae sunt oculis subjecta fidelibus, & quae
Ipse sibi tradit spectator.

Warum sollten den Augen der Menschen nicht die grausamsten und schrecklichsten Dinge in der Welt gezeigt werden? Das härtet wider das Schicksal.

### Karaktere.

Einer der gewöhnlichsten Fehler unserer Dichter ist, daß der Held des Stückes gemeiniglich am schlechtesten gezeichnet ist. In diesem Trauerspiele ist der Karakter der Agnes unstreitig der vollkommenste. Er ist vom Anfang bis zu Ende sich gleich, von einer Meisterhand mit aller Richtigkeit ausgezeichnet, warm von Kolorit, und ganz schön für Herzen empfindsamer Selen. Er ist tragisch, denn er ist sonderbar und einzig, und bringt durch seine Sonderheitlichkeit die Heldin ins Unglück. Sanft, tugendhaft, edel, voll reiner mächtiger Liebe, unbeweglich in dem, was die strengste Tugend ihr heilig macht, dabei äuferst empfindsam und zärtlich, ganz Herz und Natur — so erscheint Agnes im ersten Akte, und so in jeder Scene bis zu Ende. Ich könte ihre ganze Rolle abschreiben — Ihre Reden kommen fast alle so gerad aus dem Herzen — aus dem Herzen, das fühlt, von der Tugend gebildet, von keinem Vorurtheile verdorben, aber — von einer zwar unschuldigen, doch mächtigen, grenzenlosen Leidenschaft in Bewegung gesezt ist. Wie zärtlich und rührend, und wie voll wahrer Natur und glühender Empfindung ist folgendes:

„Mein Albrecht! Gemahl! O ich kann — ich kann nicht reden — noch nicht! immer nur noch weinen, wimmern an euerm Busen, euch ansehen; hängen an euerm sanften Blicke; küssen die edle, die liebe Hand; sie halten, fest halten, denn sie ist mein, mein! — —

Ich kann nicht denken, wie's kam — da bin ich umarmt von euch, und nenn euch mein. — Ach! könt ichs nur wähnen damals, was jezt ist? Gott weis es, wie das Knie mir zitterte — wie das arme Mägdchen erschrocken zusammen fuhr, wenn euer glühendes Aug sie traf; und dann doch wieder schüchtern aufblickte, und Albrechten in jeder Stellung gierig verfolgte — dann heimgieng, und weinte, und sich härmte, und wenn alles von Albrecht dem Herzoge sprach, und ihn lobpreiste, allein schwieg, alle Welt scheute; Albrechten immer vor sich sah, und wenn sie nur dachte an seinen Blick, immer neu ihn fühlte, und immer doch ihn dachte, und es doch wieder nicht wagte, hin zu gehen, wo sie ihn hätte wieder sehen können. — —

Liebe! Liebe, gieb mir meine Ruhe wieder, wie

als ich Albrechten noch nicht gesehen hatte; als in sorgenloser Unschuld, unbewust meines Herzens, stille meine Tage einer auf den andern flossen, wie diese kleine Wogen. Gieb sie mir wieder, oder meines Albrechts Umarmung. — Ich war zufrieden mit meinem Stande; ich wollte ja nicht lieben 2c.

Amächtiger! du webtest in das Innere das — nent sich das, was mich in Albrechts Arme warf? Du machtest ihn zum Sohne eines grosen Fürsten, mich zur armen Bürgerstochter — Ich bin auch ein Mensch! du bists auch Albrecht! ich bin unschuldig an deiner Würde. — —

Stille, stille ängstliches Herz, poche nicht so. Er liebt mich ja; er ist ja mein Gemahl; er kömt ja wieder! — — immer ängstlicher, bänger? Ach! Liebe! ist das dein Lohn?

Tod! oder sollte dieser schauervolle Ort meine Wohnung werden? mein lebendiges Grab? — Auch das! (küst ihre Ketten) so seiet ihr mein Brautschmuck, bei euch schwöre ich sie wieder die ewige Liebe. — (Pause. Weint.) Aber verdient hab ich doch Kerker und Fesseln nicht! nicht den Tod! 2c.

Nichts kann edler sein, als was sie Albrechten bei Ankunft der Gesandten seines Vatters sagt: Ich gehe, Albrecht! ich eile weg. Es sind vielleicht Boten des Friedens; hört sie! hört sie! Nur euch, wäret ihr ein Bauerssohn, will ich mein haben,

ben! nur euch! — kann es aber nicht sein? Müßt ihr Herzog bleiben? Darf ich nicht lieben den Mann, der so eine Kette um den Hals trägt? Nun! sey es! gerne! — noch mehr! wenn ichs könte für euch! Mein Blut sei Siegel des Friedens zwischen Vatter und Sohn, Albrechten und Baiern.

Nichts erhabners, als die Antwort, die sie den Richtern giebt. „Albrechts Unterthanen können seine Frau nicht richten, und der Vicedom nicht die Frau seines Feindes. Doch ich will antworten. Wen hat Unschuld zu scheuen?

Oberrichter. Das Gericht sagt euch, eure Ehe sei nicht giltig.

Agnes. Es kann nicht wider Gott sprechen, der uns verband. — —

Oberrichter. Wenn Albrecht sich giltig ver= mählen wollte, liesset ihr ihn frei?

Agnes. O das wird er nicht! — Doch gerne, wenns sein Glück wäre; aber auch dann könt ich und dürft ichs nicht.

Oberrichter. Was hofft ihr vom Gericht? Oder von der Gnade des Herzogs? Oder von Al= brechts Liebe?

Agnes. Von dem Herzoge sollt ich hoffen, daß er das Albrechten gegebene Wort halten wer= de; von Albrechten ewige Liebe und Treue bis in den Tod; von euch Gerechtigkeit.

Ober=

**Oberrichter.** Was könte euch zu andern Gesinnungen bewegen?

**Agnes.** Meine Gesinnungen sind unwillkührliches Gefühl, geliebte heilige Pflicht. Nichts kann sie umstosen.

**Oberrichter.** Wollt ihr eure Aussagen noch einmal hören?

**Agnes.** Sie stehen in meinem Herzen geschrieben.„

Sehr viele glauben, es sei unanständig, und dem Karakter der Agnes nicht angemessen, daß sie bei ihrem Tode jammert und schreiet. Und doch ist das so sehr in der Natur. Der Verfasser will ja keine stoische Heldin vorstellen. Agnes — die unschuldige — weggerissen von Albrechten, auf die grausamste Art, als eine Verbrecherin, zum schrecklichsten Morde fortgeschleppt — soll sie nicht jammern, nicht nach Hilfe schreien? Daß man doch immer die Menschen sehen will, wie sie nicht sind! Die Griechen, jene grosen Erforscher und Kenner der Natur sind hierin bei jeder Gelegenheit die vollkommenste Rechtfertigung unsers Dichters. Euripids Alceste, jenes erhabene Weib, das mit so unerhörter Grosmuth für ihren Gatten, fürs Vatterland sich den Tode weihet, weint, bebt und jammert, da sie an die Gränzen kömt! „O Sonne! ruft sie; O Licht des Tages! O Wolken, die ihr über unsern Häuptern dahin rollt! O Erde! O Pallast! O eheliches Bette! O meine Vatterstadt Jolkos! — Schon seh ich den traurigen Nachen! Man schleppt mich fort, Admet! Man schleppt mich zum Tartarus! Siehst du ihn nicht? Es ist Pluto selbst; er schwebt um mich her: er schießt seine fürchterlichen Blicke auf mich — Grausamer Gott! was willst du? Verlaß mich! ich Unglückliche! in welch unbekantes Land geh ich hinüber."

Entsezlich und schauerlich, und selerschütternd ist das Winseln der **Iphigenie**, als sie erfährt, daß sie sterben soll, und sie ist doch die Edle, die nachgehends fähig war, mit Entschlossenheit sich als ein Opfer fürs Vatterland hinzugeben. Ich will eine Stelle hieher sezen, nicht sowohl den Verfasser der **Agnes** zu vertheidigen, als uns an die Griechen zu erinnern.

„O mein Vatter, besäs ich die Beredsamkeit des **Orpheus**, und die Kunst, Felsen zu bezaubern, daß sie mir folgten; hätte ich die Gabe, durch meine Worte Herzen zu erweichen; ich würde Zuflucht zu diesem Mittel nehmen, um einen Vatter zu rühren. Aber ach! ich habe keine andere Beredsamkeit, als die meiner Thränen! Ich weine, und das ist alles, was ich kann. Bittend zu deinen Füßen kann ich nichts sagen, als daß ich deine Tochter bin. Raub mir das Leben nicht, das ich von
dir

dir empfangen habe—ich bin es, die dich zuerst bei dem süßen Namen Vatter nante, und der du den zärtlichen Namen Tochter gabst: ich, die die erste in deine Arme genommen, die vätterliche Zärtlichkeit durch tausend entsprechende Liebkosungen erschöpfte. Ach! damals sagtest du mir: o meine Tochter, werde ich einst das Glück haben, dich in deiner Blüthe, und in dem Hause eines glücklichen und meiner würdigen Gatten geehrt zu sehen? Geheftet an deinen Busen, und küssend dieses ehrwürdige Angesicht, das ich jezt mit meinen Händen berühre, antwortete ich: ach! mein Vatter! werde ich die Freude haben, dich eines Tages in meinem Palast aufzunehmen, und deinem Alter die Dankbarkeit zu bezeigen, die ich für eine mühsame Erziehung dir schuldig bin? Diese zärtlichen Unterredungen sind meiner Sele immer gegenwärtig. Ach! sie sind aus deinem Gedächtnise gewichen, und du denkst an nichts mehr, als an den Tod, dem du mich opfern willst. Ach! König! verbanne diesen schreckbaren Gedanken! ich beschwöre dich bei den Schatten des Pelops und Atreus, bei einer Mutter, die mich mit Schmerzen geboren hat, und die jezt meinetwegen die entsezlichsten Schmerzen einer zweiten Gebärung leidet. — Wirf zum wenigsten einen Blick auf mich; warum wendest du deine Augen von mir weg? Laß mich deines Anblicks und

deiner

deiner Umarmung genießen; rühret dich mein Bitten nicht: so laß mich zum wenigsten dieses Pfand deiner Liebe mit in den Tod nehmen. Deine Kindheit, o mein Bruder! wird ein schwacher Beistand für mich sein. Hilf mir indessen doch mit deinen Thränen, einen Vatter zu erweichen; rette mich vom Tode. Ja ein so zartes Alter ist fähig der Empfindung, des Mitleids. Du siehest es, mein Vatter! das Stillschweigen dieses Kindes redet für mich. Hör die Liebe, und das Mitleid! wir beschwören dich bei deinem ehrwürdigen Angesicht. Du siehest zu deinen Füßen zwei so sehr geliebte Kinder: das eine noch unmündig, das andere in der Blüthe des Alters. Kanst du sie von dir wegstoßen? Um alle deine Einwendungen verschwinden zu machen, denke, daß den Sterblichen nichts theurer ist, als das Leben, nichts schrecklicher, als der Tod. Die Raserei allein kann den Tod erwünschlich machen. So gar ein unglückliches Leben ist mehr geschäzt, als ein rühmlicher Tod.

Ist so eine Stelle nicht mehr werth, als die Hälfte unserer Originalschau- Sing- Trauer- und Lustspielen? Dergleichen Stellen, die so häufig in den Griechen vorkommen, sind so oft nachgeahmt, ausgeschrieben, und unsern Ohren wiederholt worden, und doch, wenn wir sie in ihrem Ursprunge lesen, sind sie uns immer neu; denn die Nachahmungen sind durch den Schmink verdorben; das Wahre, die unerreichbare Einfalt, die Natur ist nicht mehr da. Man hat die Ausdrücke entlehnt, und die Sache nicht verstanden. Es waren kleine Geister; sie haben von dem ausgemalten schönen Bilde Linien geraubt, und eine Misgeburt damit geschmückt. Ich möchte gern unsern Schauspieldichtern zurufen: Vos Exomplaria Graeca Nocturna versate Manu, versate diurna: aber viele verständen mich nicht, und dann gehört eben so viel dazu, eine Schönheit ganz empfinden, als dazu gehört ein Euripid oder Sophokles zu sein.

Der Karakter des Herzogs Albrecht ist bei weitem nicht so vollkommen, wie jener der Agnes. Er ist theatralisch, aber weder hinlänglich interessant, weder ganz ausgezeichnet. Als Albrecht hat er wenig an sich, daß wir ihn schäzen könten, und als Herzog hat er Muth und Herzhaftigkeit, aber desto weniger Weisheit und Klugheit. Es ist nicht genug, daß ihn Agnes liebenswürdig findet: auch wir sollten ihn ihrer Liebe würdig finden. Wir sollten an Albrechten sehen, was Agnes an ihm sieht: das nent sich zwar nicht, was sie in seine Arme warf; aber eben darum, da wir nicht mit den Augen der Liebe sehen, müssen wir um desto mehr Gründe haben ihn zu schäzen, wenn wir uns für ihn intereßiren sollen. Ich erinnere mich keiner einzigen

zigen Handlung, die Albrechten als Albrechten für Agnes würdig, und uns vorzüglich schäzbar machte. Sein kriegerischer Muth, seine Entschlossenheit, seine kühne Tapferkeit erwecken einigemal Bewunderung, und wenn wir schon alles Gute, was wir von ihm wissen, aus seinem eigenen Munde hören, so macht es doch grose Wirkung, weil es am rechten Orte angebracht ist. Allein das ist doch immer nur der Soldat — der Held — mehr der Herzog als Albrecht, der doch allein bei Agnes in den Calcul kömt. Selbst seine Liebe hat nicht jenen einnehmenden Ton der alten Einfalt. Zulezt kömt ein Zug, zu dem in seinem Karakter keine Vorbereitung ist. Es ist zwar nicht ausdrücklich gesagt, daß er dem Vicedom vergiebt, aber es scheint so. Ueberhaupt ist es auffallend, daß alle Vergebung rufen.

Der Karakter des Herzogs Ernst ist gut angelegt, aber übel ausgeführt. Er wird uns als ein harter, strenger, unempfindlicher Mann bekant gemacht, und wenn er das bis zu Ende bliebe, so wäre der Karakter theatralisch, und das Stück würde eine ganz andere — gewiß bessere Wendung genommen haben. Die Handlung wäre mit weit mehr Feuer fortgesezt, das Interesse weit gröser geworden Die mächtigere Zusammenstosung der Leidenschaften hätte uns der überflüsigen Berathschlagungen enthoben, mehr Thätigkeit hinein gebracht,
und

und Gelegenheit zu tragischen Situationen gegeben. Vermuthlich hat der Dichter Ernsten als Vatter zeigen wollen; aber er hört auf das zu sein, was er war, und ist doch nicht ganz Vatter. Fürst ist er gar nicht; denn er weis bald nicht mehr, was er thun soll, und läßt seine Leute schalten und walten. Zulezt weint er über das Mägdchen, das er von keiner einzigen guten Seite kent, und das der Gegenstand seiner Verachtung und seiner Verfolgung war. Die Gesellschaft des Herzogs Ernst besteht aus lauter — ich finde keine Benennung, die paßte und doch gelinder wäre als — Schurken.

Das ist nun eben kein poetischer Fehler, auſer daß es keinen Abstich macht, und eine Wirkung hervorbringt, die nicht angenehm ist, weil wir nicht gern einen Fürsten immer in einer so schönen Gesellschaft sehen. Der Kanzler ist am besten gezeichnet. Der Vicedom ist ein theatralischer Karakter, aber untergeordnet, und von keiner besondern Wirkung.

Hans Zenger ist zu platt und ungeschliffen. Der Dichter wollte wahrscheinlicher Weise die alten rohen Sitten durch ihn schildern, und im Kontraste neben Agnes zeigen. Aber es war eine Hauptsitte der alten deutschen Ritter, verehrungsvoll gegen die Damen zu sein. Zenger sagt Agnesen, und einigemal selbst Albrechten verschiedenes, das sehr auffällt. Z. B. „Da kann man eines Weibes wegen nicht so weg ꝛc.„

Schade, daß Thorringer zu wenig mit dem Ganzen verbunden ist. Die Scene, worin er erscheint, ist eine sehr grose Detailschönheit, und von auserordentlicher Wirkung. Ich habe vieles gegen seine herrliche Rede an Herzog Albrechten einwenden hören; aber es gehört unter die unerträglichen Urtheile, die man täglich über die Schaubühne anzuhören gezwungen ist. Die Rede ist so eingerichtet, daß sie auf Albrechten Eindruck machen mußte; das war der Zweck des Dichters; den hat er erreicht: was braucht es mehr? Die allgemeine Rührung, die sie im Schausale wirkte, ist die beste Vertheidigung derselben. Die Antwort aber, die Thorringer Albrechten auf einige wichtige Einwendungen giebt: „Daß er Leidenschaften bedauern könne, aber Thorheiten nicht anhören möge,„ ist ganz unschicklich. Widerlegung hätte ihm besser angestanden: aber vielleicht hätte er manches nie widerlegt. Warum erinnert er am Ende den Herzog noch, daß es jezt nur Ein Leben kosten, daß ihm Agnes mit jedem Kinde Reue gebären werde ꝛc.„ Das ist klein, und seines Karakters ganz unwürdig.

Die Karaktere dieses Trauerspieles überhaupt sind nicht sehr abstechend, aber doch nuancirend.

### Tragische Situationen oder Lagen der Sachen.

Die besten sind, da Albrecht vom Turnier ausgeschlossen wird, und, entehrt von seinem Vatter, Krieg ankündigt; und in der Scene, wo er ausruft: „Wär ich nie in Augsburg gewesen;„ und endlich, wo Agnes zwischen zweien schrecklichen Dingen eins wählen soll, und Tuchsenhausen so heftig in sie dringt, daß für sie kein Ausweg mehr ist. Der Dichter hat nirgends mehr, als in diesen drei Situationen gezeigt, daß er das Theater und das menschliche Herz kenne. Sie sind alle sehr gut vorbereitet; welches so selten in unsern Nazionalschauspielen anzutreffen ist. In der Vorbereitung zu einer jeden rührenden Lage, so gar zu einer jeden Handlung und zu jedem Gedanken besteht die grose Kunst des Schauspieldichters. Ohne Vorbereitung macht das Stärkste keine Wirkung, fällt oft gar ins Lächerliche und Abgeschmackte. Davon haben wir auf unsern Nazionalbühnen tägliche Beweise. Der Handwerksdichter glaubt, wenn er nur tragische Dinge auf einander häuft, so habe er ein Trauerspiel geschrieben. Das Schlimste für ihn ist, daß er nach diesen Dingen die Güte seines Stückes gegen andere mißt, die von grosen Männern verfaßt sind, in denen oft nicht die Hälfte von dergleichen Sachen vorkömt.

### Ausdruck und Sprache.

Der Ausdruck in diesem Trauerspiele ist sich nicht gleich. Bald ist er ganz modern; bald nähert er sich mit Würde, bald ziemlich unschicklich der alten Einfalt; sehr oft ist er edel, natürlich, ganz sinnliches Gemälde der Empfindung, aber auch nicht selten des Trauerspieles vollkommen unwürdig. Es ist ein grosser Irrthum, wenn man glaubt: man müsse die Sprache der Alten beibehalten, da man ihre Handlungen vorstellen will. Das ist eben so wenig nöthig, als ihre Mundart, oder die Figur ihres Körpers, oder die Farben ihrer Kleidungen nachzuahmen. Wir wollen Karaktere und Handlungen grosser Männer voriger Zeiten sehen, und da ist die Pflicht des Dichters, den besten Ausdruck zu wählen, der möglich ist, diese Karaktere und Handlungen in ihr gehöriges Licht zu sezen. Die alten Wörter sind hiezu gewiß nicht immer die besten. Das geringste, was man davon sagen kann, ist, was unser Lehrer sagt: daß sie den abgefallenen Baumblättern gleichen; diese haben Saft und Farbe verloren. Sie sind so gar öfters just die unschicklichsten und unnatürlichsten. Sie entstellen das, was der Dichter zeigen will. Tausend Wörter und Ausdrücke, die ehedessen als edel, naiv und höflich im Schwange waren, sind jezt niedrig, grob und abgeschmackt. Unser Dichter hat durch den Gebrauch

einer

einer Menge unedler Wörter und Ausdrücke seinem Trauerspiele sehr viel geschadet. Einige z. B. Hure u. dgl. sind so gar unanständig, und sollten nie auf der Schaubühne ausgesprochen werden. Nichts zeigt mehr von verdorbenem oder noch ungebildetem Geschmacke, als die Sprache, die in unsern Nazionaltrauerspielen herrscht. Man macht keinen Unterschied zwischen dem Gesange *Melpomenens* und *Thaliens*. Es ist nichts gewöhnlichers, als den gemeinsten niedrigsten Ausdruck in dem Trauerspiele zu hören. Einige haben so gar den Unsinn so weit getrieben, daß sie ganz komische Wörter und Ausdrücke tragischen Personen eben in dem Augenblicke, da sie uns zu rühren anfiengen, in den Mund gegeben. Es ist wahrscheinlich — gewiß, daß Könige und Helden und die grösten Männer oft pöbelhaftes Zeug schwazten: aber in dem Trauerspiele ist der Ort nicht, es anzubringen — ein niedriger Ausdruck kann oft eine gute Situation verderben, nie dem Zwecke des Trauerspieles nüzen. Das Trauerspiel und Lustspiel, jedes muß seine besondere eigene Sprache haben.

> Versibus exponi tragicis res comica non vult;
> Indignatur item privatis ac prope socco
> Dignis Carminibus narrari Coena Thyestae.
> Singula quaeque locum teneant sortita decenter

Diese horazische Regel liegt in der Natur der Schau-

Schauspiele. Die Schauspiele waren vor dem Geseze. Griechen und Römer gaben sie, und ihre grosen Nachahmer, die Franzosen, die ich von manchem deutschen Schriftsteller oft verachten höre, aber in einer noch weiten Ferne nicht erreichet sehe, traten in ihre Fusstapfen, und können mit jenen hierin unsere Muster sein. Selbst die neuern guten Schriftsteller der Engländer sahen die Wichtigkeit der Sache ein, und bestrebten sich, die Sprache im Trauerspiele durchaus über jene des Lustspieles zu erheben. Deutschland hat noch kein Trauerspiel, in dem die Art des Ausdruckes mich befriedigte. Einige nähern sich dem guten tragischen Ausdrucke: Allein die meisten unter diesen haben den Fehler, daß sie in Prosa geschrieben sind. Reimen sind im ernsthaften Trauerspiele widerwärtig, unnatürlich, liedchenmäsig, und fallen leicht ins Kindische. Der Vers aber erhebt die Sprache, giebt ihr Rundung, Bestimtheit, Wohlklang und Harmonie. Herr Schlegel hat unter den Deutschen den besten tragischen Ausdruck; doch möchte ich ihn nicht als ein Muster vorstellen, wie es in einer sonst schön geschriebenen Abhandlung über das Trauerspiel in der Biblioth. der schön. Wissensch. geschieht; Denn er hat gereimt, und dem Reime viel geopfert; und dann ist die Sprache zu Zeiten ein wenig untheatralisch; so würdig sie der Tragödie sein mag.

Der Verfasser der Agnes Bernauerin hat eine Sprache gewählt, die mehr die kleine Mode einiger Schriftsteller als Richtigkeit und Schönheit zum Grunde hat. Die vielen Abkürzungen der Wörter, die Unterdrückung der Selbstlauter, Zusammenhäufung der Mitlauter, der öftere Gebrauch des Zeitwortes in der Mitte des Sinnes, alles das taugt nicht zur Beförderung des guten Geschmackes in unserer Sprache. Ich hätte noch von verschiedenen kleinen Fehlern zu reden; z. B. von der Geduld, womit die Ritter, einer des andern Grobheiten anhören; von den Reden dieser Ritter, die zu Zeiten Albrechten selbst erniedrigen, anstatt daß der Karakter Albrechts durch die untergeordneten Personen ins Licht gesezt werden sollte, in dem er einen Haupttheil, das Interesse des Stückes, macht; von einigen gar unwichtigen und auch etwas auffallenden Scenen, die zum Glücke die kürzesten sind; von Erniedrigungen, die nicht zum Koturne passen, z. B. „man sieht euch an, daß ihr kein Ritter seid — Herr von der Feder ꝛc.„ Von kleinen Dunkelheiten, von verschiedenen Unschicklichkeiten, die aber bei der Vorstellung eine unangenehme Wirkung hervor bringen z. B. „ich will nicht Gemahl sein ꝛc. Ihr müßt geschwind thun, was hier zu thun ist ꝛc. Henker! nimm die Geländerstange, und tauche sie unter ꝛc.„ Allein da wäre es Pflicht,

auch

auch alle kleine Detailschönheiten anzuzeigen, und dies würde zu weitläufig werden.

Ein schönes Werk, sagt Voltär, muß nicht nach seinen Fehlern, sondern nach seinen Schönheiten gerichtet werden. Mich deuchts: beide müssen in die Wagschal kommen, wenn das Urtheil richtig sein soll. Agnes Bernauerin hat mehr Fehler, als Schönheiten, aber seine Schönheiten sind gröser, und überwiegen die Fehler weit. Ich glaube mit Recht behaupten zu können, daß kein Trauerspiel auf unserer deutschen Schaubühne erschienen ist, worin so viel Natur, so viel Wärme, so viel Interesse ist; worin so viel grose Züge, und überhaupt so viel Schönheiten sich finden, als in diesem, und daß es mit allen seinen Fehlern das Beste ist, was wir in diesem Fache besitzen. Ich bin überzeugt, daß auser einigen Unwissenden, und denen, die vom Partheigeiste beselet sind, und einigen zu sehr von sich selbst eingenommenen Autoren, das ganze Publikum dieser Meinung ist. Es sind sehr viele Stücke, die weit weniger Fehler haben, als dieses; sie haben aber mehrentheils den Hauptfehler: den Mangel am hohen tragischen Genie. Besser zehen Fehler und grose Schönheiten, als kein Fehler und Regelmäsigkeit und Kälte, gleich einer mathematischen Figur. Der Verfasser der Agnes Bernauerin ist der Mann, dessen Fähigkeit

keit ich es zutraue, daß er der deutschen Nazion das erste vortreffliche heroische Trauerspiel liefern, und eine neue grose Epoche zum Ruhm unserer Schaubühne machen könne. Es liegt schöpferisches Feuer in ihm, und gewaltig strömen die Gefühle aus seiner Sele; er blickt in die Tiefen des menschlichen Herzens, und verstehts, die Saiten der Empfindung zu treffen. Er sezt in Erstaunen und rührt. Nur ist sein Pegasus noch zu Zeiten wie der horazische hinnulus, der dem Zaume trozet, auf allen Seiten ausschlägt, und sich wider die Regeln der Ordnung und des natürlichen Anstandes bäumet. Ich kann nicht zweifeln, daß der Herr Verfasser dies alles von selbsten einsieht: es käme bei ihm blos auf den Entschluß an, sich unter die Geseze zu beugen, die der Natur und dem Zwecke des Trauerspieles so angemessen, der Schaubühne, des aufgeklärten Publikums und des grosen Geistes so würdig, und durch die Beispiele der berühmtesten Völker der Welt so sehr geheiliget sind. Ich rufe Ihn im Namen des Vatterlandes, der schönen Wissenschaften und des guten Geschmackes hiezu auf.

### Vorstellung.

Im Ganzen macht die Vorstellung der Agnes Bernauerin unserer Schaubühne Ehre; selbst die Dekorationen und Kleidungen, die neu dazu verfertigt worden sind, entsprachen der Würde des Stückes. **Mad.**

Mad. Toscani, als Agnes Bernauerin, verdient vorzüglich öffentliches Lob; da sie es oft in den Augenblicken, wo es am meisten aufmunternd ist, nicht erhielt, in den Augenblicken, wo ihr herrliches Spiel uns so ganz dahin zog, unsere Augen in Thränen zerflossen, und unsere Sinne entzückt waren. Da das Händeklatschen zum Mißbrauche geworden, so ist die schlimme Gewohnheit eingerissen, daß die von der besten Erziehung, vom feinsten Gefühle selten ihr Vergnügen dadurch ausdrücken. Das Paradies fängt gemeiniglich das Klatschen an, und dann folgen einige in dem Parterre, oder in den Logen, die von demselben Geschmacke wie jenes sind. Daher oft geklatscht wird, wenn einer recht schreiet, oder moralische Sentenzen deklamirt, oder auch die plumpesten Zweideutigkeiten hersagt. Das Tiefempfundene, das sanfte Wehemüthige, das Zärtliche, das, was bei Gefühlvollen die höchste Schönheit ist, wird von dieser Gattung Zuschauern nicht bemerkt; und also auch nicht beklatscht. Nur selten ist das Zuklatschen ein sicheres Zeichen, daß der Schauspieler gut gespielet hat. Das öftere tiefe Schweigen, Erstummung im ganzen Schausale, muß dieser vortrefflichen Schauspielerin mehr werth sein, als das lärmende Händeklatschen. Zwei einzige Stellen hat Mad. Toskani in der ganzen Rolle verfehlt. So viel

viel ich mich erinnere, ist von diesen eine in der Scene, da Zenger verwundet wird; und dann zulezt schreiet sie zu entsezlich. Der Dichter schreibt zwar das Jammern vor, aber die geringste Uebertreibung streitet wider den Karakter der Agnes. Jammer mit sanfter Wehmuth unterbrochen würde tiefer eindringen.

In den Scenen, wo Albrecht als Held erscheint, zeigt sich Herr Boeck immer als ein groser Schauspieler. Nie sahen wir ihn gröser, als in der Scene des Turniers. Immer mit dem Anstand eines Helden, der Aller Augen und Aller Bewunderung auf sich zieht, sprach er da; seine Augen glichen dem Blize, und seine Worte dem Donner; er belebte die ganze Schaubühne. In zärtlichen Auftritten gieng es hingegen nicht so gut. Oft sprach er mit seiner Agnes, wie er mit seinen Rittern sprach. Er hat meistens den Ton verfehlt. Ich will ihn nur an ein einziges Wort erinnern, und nach diesem kann er das übrige messen. Das Wort: Schwärmerin in der zweiten Scene muß nicht mit dem Tone eines aufgebrachten Gemüthes, oder in dem, wie das was folgt, sondern in dem Tone der Zärtlichkeit, des Zuredens gesagt werden. So eine Menge Stellen.

Wehmuth, Verdruß, auch Zorn drückte Herr Mayer als Herzog Ernst gut aus: aber er gieng

noch weiter, als der Dichter, von dem zuerst an=
genommenen strengen Karakter ab. Es ist freilich
schwer da zu fliegen, wo der Dichter gesunken ist,—

Herr Jfland als Kanzler spielte seine Rolle
durchaus gut.

Herr Beil, als Thorringer erweckte Bewun=
derung. Er brachte die herrliche Rede so warm,
so natürlich, auf eine ganz besondere Art, die nur
grosen Talenten zukömt, so vollkommen nach
dem Stufengange der Empfindung vor. Er sag=
te kein Wort, dem er nicht seine ganze Kraft
gab; er beobachtete bei jeder Vollendung eines Sin=
nes den Eindruck, den er auf Albrechten gemacht
hatte, ohne jedoch ihm Zeit lassen, eine Empfin=
dung zu ersticken, oder sich von der glühenden Ket=
te seiner Gedanken loszuwinden. Ich habe nur
eine einzige Ausstellung zu machen; es ist desto
schlimmer, wenn noch niemand darauf verfallen ist.
Herr Beil hatte keinen Anstand, und nahm kein
edles Ansehen an. Geschah es darum, weil er die
Rolle eines Alten vertrat? Als wenn ein alter Held
kein edles Ansehen haben dürfte und sollte. Oder
geschah es, weil Thorringer ein deutscher Ritter
voriger Zeiten ist? Sollen denn diese kein edles
Ansehen gehabt haben? Da muß auch Albrecht sei=
nen Anstand ablegen, und das Edle mit einem bis=
chen holperichten Wesen vertauschen. Nein keines
von

von beiden ist die Ursache: sondern dieses ists: Herr Boeck ist der einzige Schauspieler auf unserer Nazionalbühne, der die Gabe besizt, mit dem Anstande zu erscheinen, der zur heroischen Tragödie gefodert wird. — Der Aufzug des Herrn Beck war noch weit auffallender: aber die Rolle selbst hat ihn dazu verführt.

Die übrigen Rollen sind von keiner sonderlichen Bedeutung; ausser etwa noch jene des Vicedoms, die Herr Pöschel mit Beifalle spielte.